I0772604

Manipulation

Durchschaue und Nutze diese 7 wichtigsten Manipulationstechniken

Inhaltsverzeichnis

Einleitung

Das Wort Manipulation ist mit einem negativen Beigeschmack konnotiert, obwohl die Manipulation eigentlich zu unserem menschlichen Verhaltensrepertoire gehört – und wir alle manipulieren einander tagtäglich! Wir manipulieren um unsere Ziele schneller, effektiver und besser zu erreichen, andere von unseren Vorhaben zu überzeugen, uns Vorteile zu verschaffen oder Sympathie zu ernten. Nicht nur du manipulierst deine Mitmenschen, sondern deine Mitmenschen auch dich! Und schon kleine Kinder manipulieren ihre Eltern – wenn sie diese eine bestimmte Spielsache oder Süßigkeiten haben möchten. Und Kinder sind wahre Meister der Manipulation! Wie du siehst, gehört die Manipulation unserer Mitmenschen zum Alltag und ist daher nichts Verwerfliches.

Wir sind täglich der Manipulation durch unsere Mitmenschen ausgesetzt, aber auch Werbung für Produkte von verschiedenen Unternehmen, politische Parteien, Wohltätigkeitsorganisationen oder Religionsgemeinschaften versuchen uns zu beeinflussen. Nur ist nicht jeder gleichsam erfolgreich mit seinen Manipulationstechniken. Die manipulative Beeinflussung von Menschen ist schon lange kein Neuland mehr, sondern es gibt eine Vielzahl von echten Profis die Manipulationstechniken erlernt haben, diese erforschen und sich mit der psychologischen Seite der Manipulation beschäftigen.

Woran liegt es, dass wir uns täglich fremdbestimmen lassen und entgegen unserer eigenen Interessen zu Gunsten anderer handeln? Wie kannst du deine manipulativen Techniken verbessern um deine Interessen besser durchzusetzen? Und wie kannst du dich vor Fremdeinflüssen schützen? In diesem Buch findest du die Antworten auf diese Fragen! Und schon einmal vorab: Die Manipulation ist kein Zauberwerk – unser menschlicher Verstand funktioniert nach bestimmten Gesetzen und Regeln. Sobald du diese Regeln verstanden hast, kannst du dich einfacher vor der manipulativen Beeinflussung durch andere schützen, aber auch deine Manipulationstechniken für das Durchsetzen deiner Interessen verbessern. Zwar kannst du dich nur durch dein Wissen über die verschiedenen Manipulationstechniken nicht gänzlich vor ihrem Einfluss schützen, doch kannst du den Einfluss mit ein wenig Übung schmälern!

Wahrscheinlich weißt du gar nicht, wie einfach andere Menschen oder Organisationen dich beeinflussen können und möglicherweise werden dich einige Erkenntnisse und Informationen in diesem Buch erschrecken, denn wir Menschen sind ganz schön einfach zu manipulieren!

In diesem Buch erfährst du einiges über die Gemeinsamkeiten zwischen dem automatischen Verhalten von Tieren und Menschen und welche Bedeutung unsere Emotionen und unser rationales Denken bei manipulativen Situationen haben. Zudem lernst du, warum diese Manipulationstechniken überhaupt wirken! Klar, die Manipulationstechniken gucken wir uns auch noch genauer an: Dich erwarten fünf Gesetze der Manipulation mit Beispielen, praktischen Tipps zum Selbstschutz und Tricks zur Anwendung!

Ich wünsche dir viel Spaß beim Lesen und Lernen!

Kapitel 1: Menschliche Verhaltensprogramme

In diesem Kapitel wollen wir einen Blick auf die verschiedenen automatisierten Verhaltensprogramme von Menschen und Tieren blicken. Diese Verhaltensprogramme sind der Grund dafür, dass wir manche unserer Entscheidungen nicht so frei treffen, wie wir eigentlich glauben es zu tun!

Verhaltensprogramme bei Tieren

Tiere sind keine rational denkenden Wesen nach unseren heutigen Erkenntnissen. Dementsprechend treffen sie Entscheidungen nicht bewusst, sondern auf Grundlage verschiedener angeborener Verhaltensprogramme, die unseren menschlichen Verhaltensprogrammen ganz ähnlich sind. Bestimmte Reize lösen bei Tieren dazu passende Reaktionen aus. Beispielsweise lösen die Laute von neugeborenen Tieren den Mutterinstinkt bei den erwachsenen Tieren aus. Diese Reiz-Reaktions-Abfolgen gibt es für jeden

Lebensbereich, egal ob bei der Paarung, der Brutpflege oder der Abwehr von Feinden. Diese Reiz-Reaktions-Abfolgen können sehr simpel sein oder je nach Intelligenzgrad des Tieres auch ein wenig komplexer. Jetzt ist natürlich die Frage welche dieser Reiz-Reaktions-Abfolgen gibt es bei uns Menschen und welchen Entscheidungsspielraum haben wir innerhalb dieser Abfolgen? Gibt es gänzlich automatisch ablaufende Abfolgen? Das sehen wir uns näher an!

Verhaltensprogramme bei Menschen

Bei uns Menschen gibt es von Geburt an etablierte und dazugelernte automatisierte Verhaltensprogramme. Beispielsweise ist das Halten eines Kaffeebechers zwar voll automatisiert, aber nicht von Geburt an vorhanden – unsere Gewohnheiten sind selbstgeschaffene automatisierte Verhaltensprogramme. Evolutionär bedingte automatisierte Verhaltensprogramme bei Menschen sind beispielsweise das Atmen oder die Reaktion auf bestimmte Hormone. Diese automatisierten Verhaltensprogramme erleichtern uns das Leben ganz schön – wie wäre es, wenn du jedes Mal darüber nachdenken müsstest, wie genau Fahrrad fahren geht? Wir hätten einen ziemlich stressigen Alltag!

Nun, was haben diese Verhaltensprogramme mit Manipulation zu tun? Geschickte Manipulation spricht uns so an, dass wir unbewusst automatisch zu Gunsten des Manipulators reagieren. So funktioniert Werbung – durch die erfolgreiche Anwendung von Beeinflussung werden Gedenken und dazugehörige Verhaltensmuster angesprochen, die unsere rationalen Überlegungen nicht miteinschließen. Und diese Techniken müsse nicht einmal sehr kompliziert sein! Gebe den Menschen Gründe und sie werden sich eher auf dein Vorhaben einlassen: Ich brauche heute Zeit für mich. Wie wirkt das? Und wie wirkt: Ich brauche heute Zeit für mich, weil ich Geschenke für die Kinder einkaufen möchte. Die meisten Menschen reagieren auf das kleine aber feine Wort „weil" mit einem automatisierten Verhaltensprogramm, da wir gelernt haben, dass auf das Wort „weil" zumeist ein guter Grund folgt. Da dieser Reflex unbewusst ist, kommt es auch gar nicht so sehr auf die Quantität des Grundes an! Wie frei sind wir also in unserer Entscheidungsfreiheit? Wie viele dieser unbewussten automatischen Verhaltensprogramme machen unsere Entscheidungen aus?

Die Freiheit unserer Entscheidungen

Leider muss ich dir an dieser Stelle mitteilen, dass rund 90% unserer Entscheidungen unterbewusst von emotional gesteuerten Programmen gefällt werden. Wir haben also große Ähnlichkeit mit Tieren, nur dass unsere Programme wesentlich komplexer und vielzähliger sind. Und hier setzt das Wissen über Manipulationstechniken ein: Wer diese unterbewussten Mechanismen kennt, kann sie ansprechen und so die Reaktion der Menschen zu seinen Gunsten beeinflussen. Zudem können sich Menschen mit dem Wissen über Manipulationstechniken leichter vor Manipulation schützen oder sie zumindest aufspüren. Obwohl wir nicht sehr frei in unseren Entscheidungen sind, können wir doch einiges dafür tun mehr Bewusstsein in unsere Entscheidungen zu bringen! Lass uns einen Blick auf die verschiedenen Manipulationstechniken werfen!

Kapitel 2: Die 5 wichtigsten Gesetze der Manipulation

Natürlich gibt es noch mehr als die in diesem Buch vorgestellten fünf Manipulationstechniken, aber diese fünf sind die Wichtigsten. Du wirst beim Lesen sicherlich feststellen, dass du diese fünf Methoden selbst schon einmal zur Manipulation angewendet hast und dass du schon durch sie manipuliert worden bist. Menschen, die sich aus beruflichen oder persönlichen Gründen tiefergehend mit den verschiedenen Manipulationstechniken und ihrer Anwendung und Abwehr auseinandergesetzt haben, haben bessere Erfolge durch ihre Manipulation. Politiker, Sektenführer, Verkäufer, Spendensammler und Menschen aus ähnlichen Tätigkeitsbereichen haben sich intensiv mit den menschlichen Reiz-Reaktions-Abfolgen und den verschiedenen Manipulationstechniken auseinandergesetzt und können diese dementsprechend effektiv einsetzen. Es ist ein wenig so, als würdest du zum ersten Mal ein Fotoalbum gestalten – das wäre wahrscheinlich nicht das schönste Fotoalbum der Welt! Aber mit ein wenig Übung und Know-How über die

Positionierung, Kombination und Gestaltungstechniken wird dein nächstes Fotoalbum schöner und so ist es auch mit den Manipulationstechniken. In diesem Kapitel lernst du fünf der wichtigsten Manipulationstechniken kennen, erfährst wie du sie selbst anwendest oder abwehrst!

Nummer Eins: Die Knappheit

Dieses Gesetz der Manipulation ist wohl das einfachste: Ist ein Gut nur begrenzt verfügbar, steigt dessen Wert, Beliebtheit und Nachfrage. Dieses automatisierte Verhaltensprogramm basiert auf unserem Urinstinkt des Futterneids – es geht hier ums Überleben! Wir haben Angst nicht genügend Ressourcen abzubekommen. Eine unglückliche Kombination aus Gier und Angst, die schon seit den jüngsten Tagen der Menschheit besteht und dementsprechend tief verwurzelt ist. Also eine klasse Gelegenheit hier manipulativ einzugreifen, denn je unbewusster der Mechanismus abläuft und je tiefer er in unserem Unterbewusstsein verankert ist, desto einfacher ist es ihn anzusprechen und erfolgreich damit zu arbeiten.

Unsere Verlustangst wird täglich angesprochen, egal ob vom begrenzt gültigen Angebot im Supermarkt, von den begrenzten Sitzplätzen in einer renommierten Theateraufführung oder ähnlichem. Unser Drang zu kurz zu kommen oder noch schlimmer, gar nichts abzubekommen, sorgt dafür, dass wir kräftig zulangen. Dabei sind die meisten „knappen" Güter alles andere als knapp und auch für unser Leben absolut verzichtbar. Ein plumper, aber effektiver Marketingtrick, der auch in der online Shoppingwelt wunderbar funktioniert. Und obwohl dieser Manipulationstrick eigentlich schnell und einfach zu durchschauen ist, tun es die wenigsten Menschen oder können sich von der Reaktion nicht loslösen.

Wie kannst du dieses Gesetz für dich nutzen? Zunächst einmal lässt du dich ab jetzt nicht mehr von irgendwelchen schlechten Sonderangeboten locken. Wir leben in einer absoluten Überfluss – und Konsumgesellschaft, wir haben keine Knappheit zu befürchten. Kaufe das, was du wirklich benötigst ohne dich von Werbung oder Aktionen beeinflussen zu lassen. Schreibe Einkauflisten und Wunschlisten und überlege, was du tatsächlich in deinem Leben benötigst oder ob andere möchten, dass du dieses Produkt in deinem Leben benötigst. Zu anfangs wird das natürlich nicht leicht von der Hand gehen, aber nach einigen Wochen wirst du spüren, was DU möchtest und was andere von dir möchten, dass du es möchten willst.

Andersherum kannst du diese Manipulationstechnik der künstlichen Knappheit natürlich beim Verkauf ganz einfach selbst einsetzen! Du möchtest deine Waschmaschine verkaufen? Kein Problem, lass im Gespräch mit potentiellen Käufern einfließen, dass sich noch viele weitere Interessenten gemeldet haben.

Nummer Zwei: Die Sympathie

Dir ist wahrscheinlich schon selbst aufgefallen, dass du für Menschen, die du magst sehr viel mehr bereit bist zu tun als für Menschen, die dir nicht sympathisch sind. Das wissen auch Verkäufer und Menschen ähnlicher Berufsgruppen und versuchen deine Sympathie zu gewinnen um ihre Interessen durchzusetzen. Um Sympathie zu erzeugen, gibt es einige einfache Möglichkeiten. Menschen mit denen wir oft zu tun haben und dabei keine Probleme finden wir irgendwann sympathisch. Wir gewöhnen uns also an sie. Echte Verkaufsprofis spiegeln ihre Kunden – sie ahmen ihre Körperhaltung, ihre Bewegungen, ihr Sprechtempo, ihre Ausdrucksweise, ihre Gestik und ihre Mimik nach. Die Grundlage dessen ist, dass wir uns selbst ähnliche Menschen schneller sympathisch finden.

Auch in der Werbung begegnet uns dieses Phänomen oft. Sympathisch wirkende und beliebte Tiere werden oftmals zu Werbezwecken eingesetzt. Tierschutzorganisationen zeigen schöne Vögel, kuschelige Pandabären oder raffinierte Delfine um Sympathie für ihr Vorhaben zu gewinnen. Oder als lustig, klug oder attraktiv geltende Prominente werden als Sympathieträger für ein bestimmtes Produkt eingesetzt.

Wie nutzt du das Wissen um die Manipulationstechnik der Sympathie nun für dich? Das ist leider gar nicht so einfach, denn Sympathie ist ja ein wahrlich schönes Gefühl! Mein Tipp ist, konzentriere dich auf das Produkt oder den Gedanken, den dein Gegenüber dir zu vermarkten versucht und blende dabei den Verkäufer als Mittelsmann aus. Ein Produkt was eine so kostenintensive Vermarktung durch einen Prominenten oder anderweitige Sympathieträger bedarf, scheint qualitativ nicht viel herzugeben. Hier hilft nur sich ganz rational um das Produkt oder die Idee zu konzentrieren und Sympathieträger auszublenden um keine emotionale Befangenheit zu entwickeln.

Andererseits kannst du das Gesetz der Sympathie für deine Vorhaben natürlich ganz einfach nutzen. Kleide dich ansprechend, achte auf dein Äußeres und trainiere es deinen Gegenüber subtil nachzuahmen. Aufdringliche Komplimente oder offensichtliche Nachahmungen sind dabei Kontraproduktiv. Achte auch darauf, dass du deinem Gegenüber aufmerksam zuhörst! Denn wer hört heutzutage noch zu? Dabei reden Menschen so gerne über sich selbst! Hol dir ganz einfach aber effektiv Sympathie indem du anderen Menschen beim Reden über sich selbst zuhörst.

Ein weiterer Tipp ist, keine negativen Botschaften zu überbringen, egal ob sie dich oder jemand anderen betreffen, denn so wirst du immer mit dieser Botschaft verknüpft – egal ob bewusst oder unterbewusst. Überbringe frohe und glückliche Botschaften, damit deine Mitmenschen dich mit diesen positiven Ereignissen verknüpfen!

Nummer Drei: Die Gegenseitigkeit

Dieses Gesetzt ist einfach erklärt: Wenn ich dir etwas zu Weihnachten schenke, dann fühlst du dich verpflichtet mir auch etwas zu Weihnachten zu schenken. Wir möchten anderen Menschen ihr Geben erwidern und in keinem Schuldverhältnis stehen – das Prinzip des Gebens und Nehmens! Na klar, kennen wir alle die ein oder andere Person, die mehr gibt als nimmt oder die Personen die mehr nehmen als geben. Aber grundsätzlich streben Menschen nach einem Gleichgewicht von Geben und Nehmen.

Verkäufer, Spendensammler oder Sektenführer machen sich dieses Prinzip der Gegenseitigkeit zur Nutze, indem sie dir zuvor eine kleine Gefälligkeit zukommen lassen um dich zu animieren auf ihr Vorhaben einzugehen. Werbeartikel wie Kugelschreiber oder ähnliches sind nicht weiteres als der Versuch das Gesetz der Gegenseitigkeit auszulösen. Es gibt nichts umsonst im Leben – hinter den meisten Gratisprodukten steht die Erwartung nach deiner Gegenleistung.

Wie kannst du dieses Wissen über das Gesetz der Gegenseitigkeit als Manipulationstechnik nutzen? Die Antwort dürfte dich nicht überraschen: Kleine Geschenke oder Entgegenkommen und schon stehen deine Mitmenschen in einem ungewollten unterbewussten Schuldverhältnis zu dir. Dementsprechend gilt aber auch, dass du lieber Geschenke geben als nehmen solltest, damit du nicht in ein solches ungewolltes unbewusstes Schuldverhältnis gerätst. Damit deine Entscheidungen so wenig wie möglich von unbewussten Mechanismen beeinflusst werden, solltest du so wenig unerwünschte Werbung, Werbeartikel von Unternehmen oder Parteien oder Briefe von Spendensammlern annehmen oder durchlesen. So gerätst du nicht so leicht in die Rolle des Manipulierten.

Nummer Vier: Der Kontrast

Dies ist ein komplexes psychologisches Gesetz der Manipulation, denn hier geht es um die nicht immer einfach nachzuvollziehende Kontrastierung.

Nehmen wir an du suchst nach einem Haus und dein Makler zeigt dir zunächst ein sehr kostenintensives Haus und im Anschluss daran ein günstiges Haus. Das günstige Haus wird durch den Kontrast noch günstiger wirken. Andersherum verhält es sich genauso: Zeigt dein Makler dir erst das günstige Haus und im Anschluss das kostenintensive Haus, so erscheint dir das teure Haus noch viel teurer als es ist.

Dieses Prinzip funktioniert natürlich auch mit drei Produkten verschiedener Preisklassen, sogar fast noch ein wenig besser: Ein günstiges Produkt minderer Qualität wird zu einem Preis von 19 Euro angeboten, ein weiteres Produkt mit ein wenig mehr Features wird zum Preis von 59 Euro angeboten und ein weiteres Produkt mit weiteren, aber eigentlich unnötigen Features wird für 199 Euro angeboten. Die Mehrheit der Käufer wird sich für das 59 Euro teure/günstige Produkt entscheiden, weil extra Features enthalten sind und somit ein Vorteil gegenüber dem günstigen Produkt entsteht. So haben die Käufer das Gefühl für ihr investiertes Geld auch einen guten Gegenwert zu erhalten. Zusätzlich wirkt das mittlere Produkt unglaublich günstig durch das zeitgleich kostenintensive Produkt von 199 Euro. Diese Prinzipien funktionieren in der Welt des online Shoppings natürlich genauso gut! So funktioniert also das Gesetz des Kontrastes. Dieser Manipulationsstrategie begegnen wir täglich und überwiegend dort, wo die Verkaufszahlen steigen sollen und investiert werden soll.

Das Gesetz des Kontrastes funktioniert auch umgekehrt! Deine Schwiegermutter bittet dich ihre inkontinente Katze für 4 Monate bei dir zu Hause aufzunehmen. Natürlich lehnst du dies ab, weil du eine Katzenhaarallergie, keine Zeit und vielleicht sogar keine Lust hast. Kurze Zeit später fragt dich deine Schwiegermutter, ob du sie Freitagabend zu einem Termin fahren kannst. Im Vergleich zu der inkontinenten Katze wirkt die Autofahrt am Freitagabend wie ein Kinderspiel und schon sagst du zu! Dies kann dir natürlich auch im Job passieren, wenn dir jemand eine wirklich fiese Arbeit aufdrücken möchte, in der Politik werden so Gesetze und Abkommen durchgeboxt und in allen anderen Lebensbereichen genauso.

Wie kannst du dieses Wissen nun nutzen? Dies ist nicht ganz so einfach, Menschen lieben es Dinge zu vergleichen, ganz egal ob physische Angebote oder Vorhaben. Mit ein wenig Übung kannst du diese meist sehr subtilen Kontrastangebote aber ausfindig machen. Sobald du ein wenig Geschick darin entwickelt hast, kannst du üben die Produkte einzeln für sich zu betrachten. Dazu ist es recht hilfreich, wenn du dir über deine Ziele, deine Wünsche und deine Vorhaben im Klaren bist. Denn so kannst du das zu dir passende Produkt oder Vorhaben auswählen.

Gleichzeitig kannst du dir natürlich dieses Gesetz selbst zunutze machen. Du möchtest, dass dein Kind sein Zimmer aufräumt? Dann schlage ihm doch erstmal vor, dass es mit dir zusammen den Dachboden entrümpelt...

Nummer Fünf: Die Autorität

Dieses Gesetz der Manipulation spricht wieder einen unserer ureigensten Instinkte an: Dem Alphatier beziehungsweise einem Alpha-Mensch zu folgen. Wir glauben Menschen mit einer gewissen Autorität mehr, als „normalen" Menschen. Dieses Gesetz ist mittlerweile natürlich mit vielen vielen vielen Nuancen ausgestattet und unglaublich komplex geworden. Es kommen politische, sozioökonomische und wirtschaftliche Facetten dazu, die dieses Gesetz nicht immer leicht erkennen lassen. Grundsätzlich geht es darum sich ein Vorbild aufgrund bestimmter Ausstrahlung, Kleidung und Position auszusuchen und diesem Vorbild mental oder physisch zu folgen.

Wem würdest du eher über eine rote Fußgängerampel (bei wenig Verkehr natürlich) folgen: Dem gutgekleideten hübschen Kerl mit der selbstsicheren Ausstrahlung oder einem ärmlich gekleideten

Mann mit unsicherer Ausstrahlung? Ja, vermutlich dem hübschen Kerl im Anzug! Und das ist nicht verwunderlich, denn wir Menschen suchen uns unsere Vorbilder und Anführer zunächst einmal nach der äußerlich ausgestrahlten Autorität aus. Hättest du Bedenken einem Polizisten in Uniform über eine rote Ampel zu folgen? Uniformen strahlen etwas unglaublich Autoritäres aus, was die meisten Menschen zum Folgen animiert.

Bei tiefergehenden Entscheidungen spielt natürlich auch der soziale und wirtschaftliche Rang des Gegenübers eine Rolle (das ist die Komplexität von der ich zuvor gesprochen habe). Eine Babynahrung die in der Werbung mit den Worten „Von Kinderärzten empfohlen" angepriesen wird, hat gute Chancen gekauft zu werden. Schließlich empfiehlt ein Experte das Produkt. Dieser Urinstinkt wird natürlich in Kindergarten und Schule noch weiter intensiviert – wir sollen unseren Erziehern und Lehrern folgen und sie als gebildete Autorität anerkennen. Nicht nur in der Werbung, sondern auch in der Politik kommen ständig „Experten" zu verschiedensten Themen zur Sprache. Nun, was genau ist der Sinn dahinter? Die eigene Position oder das eigene Produkt als perfekt und durchdacht dastehen zu lassen. Die allermeisten Menschen sind denkfaul und freuen sich über so fein hergerichtete „Pakete". So vereinfachen wir uns in vielen Fällen durch die Abgabe unserer Verantwortung an verschiedenste „Experten" unseren Alltag, nur sollte dies nicht Überhand nehmen!

Grade in Zeiten von milliardenfacher Möglichkeiten der Informationsgewinnung im Internet steigt das Bedürfnis sich an die Meinung von Experten zu halten, da das gesamte Wissen heute kaum noch ohne Weiteres zu überprüfen ist. Oftmals müssen schnelle Entscheidungen getroffen werden, Druck in Kombination mit Unsicherheit lassen uns „Vorbildern" nachrennen.

Wie kannst du dieses Wissen nun nutzen? Hinterfrage die Glaubwürdigkeit von vermeintlichen Experten. Welcher Zahnarzt empfiehlt dir Zahncreme? Womit machen Zahnärzte ihr Geld? Mit kaputten Zähnen! Warum also sollten sie dir eine wirklich gute Zahncreme empfehlen, wenn sie dadurch die Grundlage ihres Jobs verlieren würden? Schaue hinter die Kulissen und informiere dich. Nur weil jemand eine Krawatte trägt, sagt das nichts über sein wahres Expertenwissen aus. Viele Menschen haben nur Halbwissen und setzen darauf, dass wir für sie profitable Entscheidungen aufgrund ihrer oberflächlich zusammengeschneiderten

Autorität treffen. Übe die Symbole der Autorität zu erkennen und dich von dem Prinzip der Hörigkeit zu lösen. Denke tiefgründig und lasse dich nicht von Oberflächlichkeiten beeinflussen.

Andersherum kannst du diese Manipulationstechnik selbst gut verwenden indem du einen schicken Anzug trägst, deine Diploma an die Wand hängst und dich einen Experten nennst – die Menschen werden dir vermutlich glauben!

Nummer Sechs: Die Akzeptanz

Dieses Gesetz spricht unsern Gemeinschaftssinn an. Wir Menschen bewegen uns gerne in Gruppen. Wenn wir sehen, dass andere Menschen sich für etwas interessieren, etwas kaufen oder etwas ausprobiere, dann möchten die allermeisten Menschen sich dieser Mehrheit anschließen. Menschen haben einen starken Drang der Mehrheit angehören zu wollen (jedenfalls die meisten).

Stell dir einmal vor eine Sorte von Käse im Supermarkt wird nicht gekauft, sondern eher gemieden. Du siehst wie die Menschen um dich herum den Käse meiden und sich für einen anderen Käse entscheiden. Wie hoch sind die Chancen, dass du dich für diesen Käse entscheidest? Wahrscheinlich schwindend gering. Falls du dir generell über die richtige Wahl des Käses unsicher bist, dann wirst du noch mehr Vertrauen in die Entscheidung der Mehrheit legen.

Dies wird auch politisch gerne genutzt, vor allem in Zeiten der Unsicherheiten! Dazu reicht es einige Menschen positiv zu beeinflussen und für sein Vorhaben zu gewinnen, damit die restliche verunsicherte Masse diesen Vorbildern folgt. Auch im Internet finden wir diese Methode auf vielen Seiten – dort versteckt sie sich hinter Rezensionen, Bewertungen und Testberichten. Je mehr Menschen ein Produkt schon positiv bewertet haben, desto höher ist die Wahrscheinlichkeit, dass noch mehr Menschen dieser Bewegung folgen.

Dies funktioniert natürlich auch in einem wesentlich unmoralischeren Kontext. Die Medien nutzen diese Kraft ganz bewusst um Bewegungen und Ereignisse hervorzurufen. Im positiven wie im negativen Sinne! Vermutlich sind sich aber viele Berichterstatter und Journalisten über die Wirkungsweise ihrer Artikel gar nicht bewusst. Wenn beispielsweise vermehrt über Einbrüche in den frühen Morgenstunden berichtet wird, dann kann nach diesem Artikel ein Anstieg der Einbrüche in den Morgenstunden verzeichnet werden.

Stell dir vor du bist in einem großen Park auf einem Open-Air-Konzert. Zunächst bleiben die schön bepflanzten Beete unversehrt, aber nach und nach trampeln immer mehr Menschen darüber, ganz nach dem Motto „der hat das auch gemacht". Dieser Herdentrieb funktioniert in all unseren Lebensbereichen! Vom Graffiti, über Sperrmüll oder sogar Straftaten – die soziale Hemmschwelle sinkt je mehr „Vorbilder" es gibt.

Wie kannst du dieses Wissen nutzen? Falls du dich in einer Situation unsicher fühlst, dann orientiere dich nicht an deinen Mitmenschen, sondern höre auf deine Intuition und mache dir eigene Gedanken zu der Situation. Dies ist auch für dich eine gute Möglichkeit die Führung zu übernehmen, denn wenn du mit Selbstbewusstsein und Courage vorgehst, werden die anderen dir folgen. Gebe deine Verantwortung nicht ab, sondern mache dir eigene Gedanken, triff eigene Entscheidungen und bewerte die Situationen unter der Berücksichtigung deiner persönlichen Situation, denn auch die Mehrheit kann sich irren oder die für dich unpassende Entscheidung treffen!

Nummer Sieben: Die Konsistenz

Das letzte Gesetz der Manipulation ist das der Konsistenz. Hier wird unser intensiver Wunsch angesprochen, auf andere Menschen möglichst konsequent und konsistent zu wirken. Um das zu erreichen begründen wir unsere Entscheidungen rational.

Ein Beispiel zur Veranschaulichung: Fünf Menschen werden gefragt, ob sie bereit sind für ein neues Café Werbung auf ihr Auto zu kleben. Was glaubst du wie viele der fünf Personen darauf eingeht und den Aufkleber auf dem eigenen Auto duldet? Wahrscheinlich niemand. Werden jetzt diese fünf Menschen aber zuvor in ein Gespräch über die Sinnhaftigkeit dieses Vorhabens, die Wichtigkeit und die Besonderheiten dieses gemeinnützigen Cafés mit Projekte für Jugendliche verwickelt werden, steigt die Bereitschaft für die Teilnahme an diesem Vorhaben. Sobald sie diese Werbung am Auto haben, werden sie schnell bereit sein noch mehr für dieses Café zu tun, da sie ja ihren Standpunkt schon öffentlich gemacht haben. Auf diese Weise werden immer wieder Menschen zu Entscheidungen gedrängt, die sie so ohne weiteres nie getroffen hätten.

Eine miese Variante dieser Manipulationstechnik wird im Verkauf häufig angeboten. Oftmals gibt es Angebote wie „Kaufen Sie einen Drucker und erhalten Sie diesen 10 GB USB Stick gratis dazu!". Oft genug geschieht es, dass diese 10 GB USB Sticks dann nicht mehr verfügbar sind und der Kunde mit einem minderwertigen Produkt abgeschrieben wird. Die wenigsten Kunden werden sich dagegen wehren, da sie sich ja bereits offiziell für den Drucker entschieden haben.

Wie kannst du dieses Wissen einsetzen? Höre vor allem auf dein Bauchgefühl und lerne deine wahren Bedürfnisse und Wünsche kennen. Je mehr du über dich selbst weißt, desto weniger kannst du in diese Falle tappen, weil du gar nicht erst ins Netz dieser Technik geraten kannst, wenn du es nicht möchtest. Ist es doch passiert und du bemerkst deinen Fehler, dann ist es keine Schande seine Meinung zu ändern und zurückzutreten. Beständigkeit ist eine tolle Sache, aber falsche Entscheidungen zu revidieren ist um einiges stärker.

Wie kannst du dich vor dieser Manipulationstechnik schützen? Indem du auf fragwürdige Angebote nicht eingehst oder den Manipulator direkt auf sein Vorhaben ansprichst – der Überraschungseffekt sorgt in den meisten Fällen für Ehrlichkeit!

Kapitel 3: Die Praxis im Detail: Die aktive Nutzung und Abwehr von Manipulationstechniken

Nun kommen wir zum interessanten Teil, den theoretischen Teil hast du überstanden! Klar, du kennst dich nun mit den fünf wichtigsten Manipulationstechniken aus, aber über die Praxis – also das aktive Anwenden und Abwehren der Manipulationstechniken – sollten wir dennoch spreche. Denn allein dir Theorie hat noch niemanden zum Meister gemacht. Du weißt nun auf welche Hinweise du achten musst und in welchen Situationen du den vorgestellten Manipulationstechniken auf den Leim gehen könntest. Theoretisch weißt du jetzt auch wie du die Techniken für deine persönlichen Ziele einsetzten könntest. Könntest... leider ist die Realität noch um einiges komplexer, weil viel mehr äußere und innere Faktoren auf dich einwirken. Profis setzen zumeist nicht nur eine einzige Manipulationstechnik ein, sondern kombinieren mehrere Manipulationstechniken zu einer extrem effektiven Fusion. Leider ist es nicht unbedingt einfach diese Techniken aufgrund ihrer Vielschichtigkeit zu enttarnen und die wahre Absicht zu extrahieren.

In diesem Kapitel möchte ich dir einige Tipps vorstellen, wie du auch im Alltag einen kühlen Kopf bewahrst und Manipulationstechniken leichter erkennen kannst – klar, auch wie du sie in unserem Alltags-Wirrwarr selbst leichter einsetzen kannst.

Was passiert um dich herum?

Bei dieser Übung geht es darum zu lernen die verschiedenen Manipulationstechniken im Alltag zu erkennen. Dazu ist es von Vorteil, wenn du deine Umgebung ganz genau beobachtest. Such dir zunächst eine Manipulationstechnik aus – am besten eine einfach erkennbare wie die des Kontrasts – und fange an deine Umwelt zu scannen. Wo wird überall das Gesetz des Kontrasts eingesetzt? Von ihrem Chef? Ihren Kollegen? Ihren Freunden? Ihren Kollegen? In welchen Verkaufssituationen? In welchen Verhandlungssituationen?

Sobald du sicher darin bist eine Manipulationstechnik zu erkennen, begibst du dich an die nächste, bis du alle Manipulationstechniken sicher im Alltag erkennst!

Wie kannst du die Manipulationstechniken abwehren?

Der nächste Schritt nach dem Erkennen im Alltag ist natürlich, dass du dir überlegst wie du die Manipulationstechniken erfolgreich und effektiv abwehrst.

Sobald du gelernt hast die Manipulationstechniken der Gegenseitigkeit im Alltag zu erkennen, kannst du die ganzen Gratisgeschenke, Proben und ähnliches ablehnen um nicht in ein Abhängigkeitsverhältnis zu geraten. Wenn du schon sehr sicher im Umgang mit den Manipulationstechniken bist, kannst du die Gratisgeschenke und Proben annehmen und dir gleichzeitig klarmachen, dass du dennoch zu keinerlei Gegenleistung verpflichtet bist. Nachdem du eine Manipulationstechnik ganz intuitiv im Alltag erkennst und abwehren kannst, kannst du dich mit der nächsten Manipulationstechnik auseinandersetzen.

Mein Tipp gegen die Manipulationstechnik der Knappheit ist, sich von vorneherein klarzumachen was man benötigt und was nicht. So kann mich die Schokolade im Sonderangebot gar nicht wirklich mitreißen, weil ich sie nicht haben möchte. Je besser du dich und deine Bedürfnisse kennst, desto weniger wird dir dieser Manipulationstechnik verfallen.

Die im vorherigen Kapitel angesprochenen Taktiken zur Abwehr der Manipulationstechniken solltest du nach deinen persönlichen Vorhaben, Interessen und Auffassungen personalisieren und üben. Du wirst schon bald merken, dass im Alltag selten nur eine Manipulationstechnik alleine vorkommt, sondern immer eine raffinierte Kombination mehrerer Techniken. Beispielsweise wird eine Zahncreme durch einen sympathischen und hübschen Schauspieler beworben – das wäre das Gesetz der Sympathie. Zudem werden Gratisproben dieser Zahncreme verteilt – dies wäre das Gesetz der Gegenseitigkeit. Und zu guter Letzt ist die Zahncreme eine limited edition, die es nur diesen Herbst gibt – das wäre das Gesetz der Knappheit! Und schon haben wir drei Manipulationstechniken miteinander verbunden.

Was passiert, mit deinem Umfeld, wenn du Manipulationstechniken entlarvst und dich ihrer Effizienz entziehst? Zunächst werden deine Mitmenschen erstaunt sein, weil sie mit dieser Art von Entwicklung natürlich nicht rechnen und sich ihrer

Manipulationsversuche vielleicht auch gar nicht bewusst sind. Die Unsicherheit deiner Mitmenschen kann in Frustration und einer negativen Haltung dir gegenüber resultieren, aber letztendlich wirst du Respekt für deine Standhaftigkeit und Klarheit gewinnen.

Wie kannst du die Techniken für dich nutzen?

Nachdem du dich jetzt einige Zeit erfolgreich dem Erkennen und Abwehren der verschiedenen Manipulationstechniken gewidmet hast, kommt nun der wahrlich interessante Punkt: Wie kannst du diese Techniken für dich und deine Interessen nutzen? Durch das Abwehren der einzelnen Techniken konntest du schon ein wenig mehr Kontrolle über dein Leben und deine Entscheidungen gewinnen, aber wenn du noch mehr Einfluss nehmen möchtest, musst du lernen selbst zu manipulieren. Durch die aktive Manipulation kannst du dir Vorteile verschaffen, deine Vorstellungen durchsetzen und deine Interessen vertreten. Hier geht es natürlich nicht darum, dass du deinen kaputten Kühlschrank für 500 Euro an deinen Nachbarn verkaufst, sondern um die Erleichterung des Alltags die im Einklang mit dem Wohlbefinden aller Beteiligten steht. Was hältst du davon mit dem Wissen über die Manipulationstechniken eine Gehaltserhöhung zu bekommen? Siehst du – hier geht es um persönliche Erfolge!

Nehme dir eine Manipulationstechnik nach der anderen vor und übe im kleinen Kreis. Lass dich von anfänglichen Fehlschlägen nicht entmutigen, denn die Kunst des Manipulierens lernst du vermutlich nicht an einem Tag!

Kapitel 4: Das moralische Dilemma rund um die Manipulation

Wie alles im Leben gibt es auch hier kein Schwarz und Weiß. Die Manipulationstechniken haben wir in uns und an sich ist an ihnen moralisch und ethisch nichts auszusetzen. Es liegt an uns, was wir daraus machen!

Du möchtest dein kaputtes Auto verkaufen und nutzt dafür nicht Ehrlichkeit, sondern verschiedene Manipulationstechniken? Na, dann würde ich fast behaupten, dass du dich auf unmoralische Abwege begibst, weil du die Manipulationstechniken für ein unehrliches Vorhaben nutzt.

Wenn du deine Kinder dazu bewegen möchtest mehr im Haushalt zu helfen, dann ist das Anwenden der Manipulationstechnik des Kontrasts völlig ok. Du schadest damit niemandem, verleihst deinen Vorhaben Effektivität ohne Druck auszuüben und sorgst somit für ein tolles Endergebnis von dem alle Beteiligten profitieren (klar, deine Kinder werden „schrecklich" unter der Hausarbeit leiden zu Beginn).

Grundsätzlich ist die gegenseitige Beeinflussung zum Erreichen unserer Ziele normal und per se nicht unmoralisch. Sie werden erst in Kombination mit einem unehrlich, unmoralischen, unethischen oder bewusst betrügerischen Vorhaben zu einer unmoralischeren Vorgehensweise. Der Immobilienmakler, der ganz bewusst schäbige Häuser zu einem zu hohen Preis durch die Manipulationstechniken verkauft, begeht zwar keine Straftat, dennoch ist das Vorgehen höchst unmoralisch, da es mindestens einer involvierten Person schadet. Durch das Wissen über die Manipulationstechniken und die Übungen zur Abwehr kannst du dich vor solch einem Betrug schützen.

Auch wenn andere Menschen ihr Wissen für unmoralische Vorhaben einsetzen, macht es die Manipulationstechniken nicht unmoralisch. So wie ich mit 2000 Euro tolle Winterkleidung für meine Familie kaufen kann, kann ich für 2000 Euro auch jede Menge Drogen oder ähnliches kaufen. Das Mittel zum Erreichen des Ziels ist nur so unmoralisch oder moralisch wie das Ziel selbst!

Schlusswort

Hoffentlich konntest du viele interessante, nützliche und neue Informationen aus diesem Buch für dich mitnehmen! Erinnerst du dich noch an den Vergleich mit den automatisch ablaufenden Verhaltensprogrammen bei Tieren und wie ähnlich diese Verhaltensprogramme bei Menschen ablaufen? Natürlich sind die automatischen Verhaltensprogramme bei uns Menschen um einiges komplexer und interessanter, außerdem gibt es bei uns die genetisch bedingten und erlernten Verhaltensprogramme, während es bei den Tieren nur die genetisch bedingten Verhaltensprogramme gibt.

Die Manipulationstechniken werden von uns Menschen schon im frühsten Kindheitsalter angewandt und sind somit gänzlich normal. Das Spiel mit den verschiedensten Manipulationstechniken ist so profitabel, dass es immer mehr perfektioniert, erforscht und ausgebaut wird, damit unterschiedliche Industriezweige diese Reiz-Reaktions-Abfolgen zum maximalen Verkauf ihrer Produkte nutzen können. Dies geschieht unter mehr oder weniger moralischen Voraussetzungen.

Durch das Wissen in diesem Buch kannst du dich gegen die verschiedenen Manipulationstechniken zur Wehr setzen, indem du sie erkennst und deine persönliche Abwehrstrategie einsetzt. Mittlerweile ist die aber auch bewusst, dass selten eine Manipulationstechnik alleine kommt und sie in Kombination noch schwieriger zu erkennen und abzuwehren sind.

Gehe mit offenen Augen durchs Leben und du wirst die vielen täglichen Anwendungen von Manipulationen erkennen. Durch die Tipps in diesem Buch wirst auch die die Manipulationstechniken in einem moralisch vertretbaren Maße anwenden können und somit deine persönlichen Interessen, Vorhaben und Ideen leichter umsetzen können.

Ich wünsche dir viel Erfolg!

Quellen

- Edmuller, A., & Wilhelm, T. (2012). *Manipulationstechniken / Andreas Edmüller, Thomas Wilhelm.*, 1 online resource (252 p.).

- Graf, H. (1982). *Manipulationstechniken für Verkäufer / Helmut Graf.* Landsberg am Lech: Verl. Moderne Industrie.

- Edmüller, A., & Wilhelm, T. (2012). *Manipulationstechniken. So Wehren Sie Sich.*, 1 online resource (353 p.).

- Moritz, A., & Rimbach, F. (2006). *Soft Skills Für Young Professionals Alles, Was Sie Für Ihre Karriere Brauchen / André Moritz, Felix Rimbach.*, 1 online resource (649 p.).

- Rötscher, J. (1970). Manipulation. Herausgegeben von D. Bergner u. a. (Book Review). *Deutsche Zeitschrift Für Philosophie, 18*(9), 1123.

Impressum

Text: Copyright © 2017 by Sophia Thiemann

Impressum und Verlag Sophia Thiemann

c/o Papyrus Autoren-Club, R.O.M. Logicware GmbH Pettenkoferstr. 16-18, 10247 Berlin

Alle Rechte vorbehalten.

Nachdruck oder Kopieren, auch auszugsweise, ist ohne Erlaubnis des Autors nicht gestattet.

Cover Foto: © Sergey Nivens/ https://stock.adobe.com/de/stock-photo/businessman-puppeteer/52849703

Wichtiger Hinweis:

Die in diesem Buch enthaltenen Informationen dienen ausschließlich informativen Zwecken und dürfen unter keinen Umständen als Ersatz für eine professionelle Beratung oder Behandlung durch ausgebildete und anerkannte Ärzte angesehen werden. Diese beinhalten keinerlei Empfehlungen bezüglich bestimmter Diagnose- oder Therapieverfahren. Die Inhalte dürfen niemals als eine Aufforderung zur Selbstbehandlung oder als Grundlage für Selbstdiagnosen und -medikation verstanden werden. Die Informationen spiegeln lediglich die Meinung des Autors wieder. Der Autor übernimmt für die Art oder Richtigkeit der Inhalte keine Garantie, weder ausdrücklich noch impliziert.

Sollten Inhalte des Buches gegen geltendes Recht verstoßen, dann bittet der Autor um umgehende Benachrichtigung. Die betreffenden Inhalte werden dann umgehend entfernt oder geändert.

Haftung für Links

Das Buch enthält Links zu externen Webseiten Dritter, auf deren Inhalte wir keinen Einfluss haben. Deshalb können wir für diese fremden Inhalte keine Gewähr übernehmen. Für die Inhalte der verlinkten Seiten ist stets der jeweilige Anbieter oder Betreiber der Seiten verantwortlich. Die verlinkten Seiten wurden zum Zeitpunkt der Verlinkung auf mögliche Rechtsverstöße überprüft. Rechtswidrige Inhalte waren zum Zeitpunkt der Verlinkung nicht erkennbar. Eine permanente inhaltliche Kontrolle der verlinkten Seiten ist jedoch ohne konkrete Anhaltspunkte einer Rechtsverletzung nicht zumutbar. Bei Bekanntwerden von Rechtsverletzungen werden wir derartige Links umgehend entfernen.

www.ingramcontent.com/pod-product-compliance
Lightning Source LLC
Chambersburg PA
CBHW050705250726
48662CB00002B/855